Ln 14358.
B.

VIE
DE MOLIÉRE.

VIE
DE
MOLIÉRE,
DONNÉE AU PUBLIC

PAR

Mr. DE VOLTAIRE.

A LAUSANNE,
Chez FRANÇOIS GRASSET & Comp.

M. D. CCLXXII.

VIE DE MOLIÉRE,

Avec de petits fommaires de fes piéces.

CEt ouvrage était deftiné à être imprimé à la tête du MOLIÉRE in-4°. édition de Paris. On pria un homme très connu de faire cette vie & ces courtes analyfes, deftinées à être placées au devant de chaque piéce. Monfieur Rouillé, chargé alors du département de la librairie, donna la préférence à un nommé la Serre. C'eft de quoi on a plus d'un exemple. L'ouvrage de l'infortuné rival de la Serre fut imprimé très mal à propos, puifqu'il ne convenait qu'à l'édition du Moliére. On nous a dit que quelques curieux défiraient une nouvelle édition de cette bagatelle. Nous la donnons malgré la répugnance de l'auteur écrafé par la Serre.

VIE DE MOLIÉRE.

LE goût de bien des lecteurs pour les choses frivoles, & l'envie de faire un volume de ce qui ne devrait remplir que peu de pages, sont cause que l'histoire des hommes célèbres est presque toujours gâtée par des détails inutiles, & des contes populaires aussi faux qu'insipides. On y ajoute souvent des critiques injustes de leurs ouvrages. C'est ce qui est arivé dans l'édition de *Racine* faite à Paris en 1728. On tâchera d'éviter cet écueil dans cette courte histoire de la vie de *Molière*; on ne dira de sa propre personne, que ce qu'on a crû vrai & digne d'être raporté ; & on ne hazardera sur ses ouvrages rien qui soit contraire aux sentimens du public éclairé.

Jean-Baptiste Poquelin nâquit à Paris en 1620 dans une maison qui subsiste encor sous les piliers des halles. Son père *Jean-Baptiste Poquelin*, valet de chambre tapissier chez le roi, marchand fripier, & *Anne Boutet* sa mère, lui donnèrent une éducation trop conforme à leur état, auquel ils le destinaient : il resta jusqu'à quatorze ans dans leur boutique, n'ayant rien apris outre son métier, qu'un peu à lire & à écrire. Ses parens obtinrent pour lui la survivance de leur charge chez le roi ; mais son génie l'apellait ailleurs. On a remarqué que presque tous ceux qui se sont fait un nom dans les beaux arts, les ont cultivés malgré leurs parens, & que la nature a toujours été en eux plus forte que l'éducation.

Poquelin avait un grand-père qui aimait la comédie, & qui le menait quelquefois à l'hôtel de Bourgogne. Le jeune homme sentit bientôt une aversion invincible pour sa profession. Son goût pour l'étude se dévelopa; il pressa son grand-père d'obtenir qu'on le mît au collège, & il aracha enfin le consentement de son père, qui le mit dans une pension, & l'envoya externe aux jésuites, avec la répugnance d'un bourgeois, qui croyait la fortune de son fils perdue, s'il étudiait.

Le jeune *Poquelin* fit au collège les progrès qu'on devait atendre de son empressement à y entrer. Il y étudia cinq années; il y suivit le cours des classes d'*Armand de Bourbon* premier prince de *Conti*, qui depuis fut le protecteur des lettres & de *Molière*.

Il y avait alors dans ce collège deux enfans, qui eurent depuis beaucoup de réputation dans le monde. C'était *Chapelle* & *Bernier* : celui-ci, connu par ses voyages aux Indes; & l'autre, célèbre par quelques vers naturels & aisés, qui lui ont fait d'autant plus de réputation, qu'il ne rechercha pas celle d'auteur.

L'Huillier, homme de fortune, prenait un soin singulier de l'éducation du jeune *Chapelle* son fils naturel; & pour lui donner de l'émulation, il faisait étudier avec lui le jeune *Bernier*, dont les parens étaient mal à leur aise. Au lieu même de donner à son fils naturel un précepteur ordinaire & pris au hazard, comme tant de pères en usent avec un fils légitime qui doit porter leur nom, il engagea le célèbre *Gassendi* à se charger de l'instruire.

Gassendi, ayant démêlé de bonne heure le génie de *Poquelin*, l'associa aux études de *Chapelle* & de *Bernier*. Jamais plus illustre maître n'eut de plus dignes disciples. Il leur enseigna sa philosophie d'*Epicure*, qui, quoiqu'aussi fausse que les autres, avait au moins plus de méthode & plus de vraisemblance que celle de l'école, & n'en avait pas la barbarie.

Poquelin continua de s'instruire sous *Gassendi*. Au sortir du collège, il reçut de ce philosophe les principes d'une morale plus utile que sa physique, & il s'écarta rarement de ces principes dans le cours de sa vie.

Son père étant devenu infirme & incapable de servir, il fut obligé d'exercer les fonctions de son emploi auprès du roi. Il suivit *Louis XIII* dans Paris. Sa passion pour la comédie, qui l'avait déterminé à faire ses études, se réveilla avec force.

Le théâtre commençait à fleurir alors : cette partie des belles-lettres, si méprisée quand elle est médiocre, contribue à la gloire d'un état, quand elle est perfectionnée.

Avant l'année 1625, il n'y avait point de comédiens fixes à Paris. Quelques farceurs allaient, comme en Italie, de ville en ville. Ils jouaient les piéces de *Hardy*, de *Moncrétien*, ou de *Baltazar Baro*. Ces auteurs leur vendaient leurs ouvrages dix écus piéce.

Pierre Corneille tira le théâtre de la barbarie

& de l'aviliſſement, vers l'année 1630. Ses premières comédies, qui étaient auſſi bonnes pour ſon ſiécle qu'elles ſont mauvaiſes pour le nôtre, furent cauſe qu'une troupe de comédiens s'établit à Paris. Bientôt après, la paſſion du cardinal de *Richelieu* pour les ſpectacles mit le goût de la comédie à la mode; & il y avait plus de ſociétés particuliéres qui repréſentaient alors, que nous n'en voyons aujourd'hui.

Poquelin s'aſſocia avec quelques jeunes gens qui avaient du talent pour la déclamation; ils jouaient au faux-bourg St. Germain & au quartier St. Paul. Cette ſociété éclipſa bientôt toutes les autres; on l'apella *l'illuſtre théâtre*. On voit par une tragédie de ce tems-là, intitulée *Artaxerce*, d'un nommé *Magnon*, & imprimée en 1645, qu'elle fut repréſentée ſur *l'illuſtre théâtre*.

Ce fut alors que *Poquelin*, ſentant ſon génie, ſe réſolut de s'y livrer tout entier, d'être à la fois comédien & auteur, & de tirer de ſes talens de l'utilité & de la gloire.

On ſait que, chez les Athéniens, les auteurs jouaient ſouvent dans leurs piéces, & qu'ils n'étaient point deshonorés pour parler avec grace en public devant leurs concitoyens. Il fut plus encouragé par cette idée, que retenu par les préjugés de ſon ſiécle. Il prit le nom de *Molière*, & il ne fit en changeant de nom que ſuivre l'exemple des comédiens d'Italie, & de ceux de l'hôtel de Bourgogne. L'un, dont le nom de famille était *le Grand*, s'apellait *Belleville* dans la tragédie, & *Turlupin* dans la farce; d'où vient le mot de *turlupinage*. *Hugues Gueret* était connu dans les piéces férieufes fous le nom de *Fléchelles*, dans la farce il jouait toujours un certain rôle qu'on apellait *Gautier-Garguille*. De même, *Arlequin* & *Scaramouche* n'étaient connus que fous ce nom de théâtre. Il y avait déja eu un comédien apellé *Molière*, auteur de la tragédie de *Polixéne*.

Le nouveau *Molière* fut ignoré pendant tout le tems que durèrent les guerres civiles en France: il employa ces années à cultiver fon talent, & à préparer quelques piéces. Il avait fait un recueil de fcènes italiennes, dont il faifait de petites comédies pour les provinces. Ces premiers effais très informes tenaient plus du mauvais théâtre italien où il les avait pris, que de fon génie, qui n'avait pas eu encor l'occafion de fe déveloper tout entier. Le génie s'étend & fe refferre par tout ce qui nous environne. Il fit donc pour la province le *Docteur amoureux*, les *trois Docteurs rivaux*, le *Maître d'Ecole*: ouvrages dont il ne refte que le titre. Quelques curieux ont confervé deux piéces de *Molière* dans ce genre; l'une eft le *Médecin volant*, & l'autre, la *Jaloufie de Barbouille*. Elles font en profe & écrites en entier. Il y a quelques phrafes & quelques incidens de la première, qui nous font confervés dans le *Médecin malgré lui*; & on trouve dans la *Jaloufie de Barbouille* un canevas, quoiqu'informe, du troifiéme acte de *George Dandin*.

La première pièce régulière en cinq actes qu'il compofa, fut l'*Etourdi*. Il repréfenta cette comédie à Lyon en 1653. Il y avait dans cette ville une troupe de comédiens de campagne, qui fut abandonnée dès que celle de *Molière* parut.

Quelques acteurs de cette ancienne troupe se joignirent à *Molière*, & il partit de Lyon pour les états de Languedoc, avec une troupe assez complette, composée principalement de deux frères nommés *Gros-René*, de *Duparc*, d'un pâtissier de la rue St. Honoré, de la *Duparc*, de la *Béjart* & de la *De Brie*.

Le prince de *Conti*, qui tenait les états de Languedoc à Béziers, se souvint de *Molière* qu'il avait vu au collège; il lui donna une protection distinguée. Il joua devant lui l'*Etourdi*, le *Dépit amoureux*, & les *Précieuses ridicules*.

Cette petite piéce des précieuses, faite en province, prouve assez que son auteur n'avait eu en vue que les ridicules des provinciales. Mais il se trouva depuis, que l'ouvrage pouvait coriger & la cour & la ville.

Molière avait alors trente-quatre ans; c'est l'âge où *Corneille* fit le *Cid*. Il est bien dificile de réussir avant cet âge dans le genre dramatique, qui exige la connaissance du monde & du cœur humain.

On prétend que le prince de *Conti* voulut alors faire *Molière* son secrétaire, & qu'heureusement pour la gloire du théâtre français, *Molière* eut le courage de préférer son talent à un poste honorable. Si ce fait est vrai, il fait également honneur au prince & au comédien.

Après avoir couru quelque tems toutes les provinces, & avoir joué à Grenoble, à Lyon, à Rouen, il vint enfin à Paris en 1658. Le prince de *Conti* lui donna accès auprès de monsieur, frère unique du roi *Louis XIV* ; monsieur le présenta au roi & à la reine-mère. Sa troupe & lui représentèrent la même année devant leurs majestés la tragédie de *Nicomède*, sur un théâtre élevé par ordre du roi dans la salle des gardes du vieux Louvre.

Il y avait depuis quelque tems des comédiens établis à l'hôtel de Bourgogne. Ces comédiens assistèrent au début de la nouvelle troupe. *Molière*, après la représentation de *Nicomède*, s'avança sur le bord du théâtre, & prit la liberté de faire au roi un discours, par lequel il remerciait sa majesté de son indulgence, & louait adroitement les comédiens de l'hôtel de Bourgogne, dont il devait craindre la jalousie : il finit en demandant la permission de donner une piéce d'un acte, qu'il avait joué en province.

La mode de représenter ces petites farces après de grandes piéces était perdue à l'hôtel de Bourgogne. Le roi agréa l'ofre de *Molière* ; & l'on joua dans l'instant le *docteur amoureux*. Depuis ce tems l'usage a toujours continué de donner de ces piéces d'un acte, ou de trois, après les piéces de cinq.

On permit à la troupe de *Molière* de s'établir à Paris ; ils s'y fixèrent, & partagèrent le théâtre du petit Bourbon avec les comédiens italiens, qui en étaient en possession depuis quelques années.

La troupe de *Molière* jouait sur le théâtre les

B

mardis, les jeudis & les famedis, & les Italiens les autres jours.

La troupe de l'hôtel de Bourgogne ne jouait auſſi que trois fois la ſemaine, excepté lorſqu'il y avait des piéces nouvelles.

Dès-lors la troupe de *Molière* prit le titre de *la troupe de monſieur*, qui était ſon protecteur. Deux ans après, en 1660, il leur acorda la ſalle du palais-royal. Le cardinal de *Richelieu* l'avait fait bâtir pour la repréſentation de *Mirame* tragédie, dans laquelle ce miniſtre avait compoſé plus de cinq cents vers. Cette ſalle eſt auſſi mal conſtruite que la piéce pour laquelle elle fut bâtie; & je ſuis obligé de remarquer à cette ocaſion, que nous n'avons aujourd'hui aucun théâtre ſuportable; c'eſt une barbarie gothique, que les Italiens nous reprochent avec raiſon. Les bonnes piéces ſont en France, & les belles ſalles en Italie.

La troupe de *Molière* eut la jouiſſance de cette ſalle juſqu'à la mort de ſon chef. Elle fut alors acordée à ceux qui eurent le privilège de l'opéra, quoique ce vaiſſeau ſoit moins propre encor pour le chant, que pour la déclamation.

Depuis l'an 1658 juſqu'à 1673, c'eſt-à-dire en quinze années de tems, il donna toutes ſes piéces, qui ſont au nombre de trente. Il voulut jouer dans le tragique, mais il n'y réuſſit pas; il avait une volubilité dans la voix, & une eſpèce de hoquet, qui ne pouvait convenir au genre ſérieux, mais qui rendait ſon jeu comique plus plaiſant. La femme d'un des meilleurs comédiens, que nous ayons eu, a donné ce portrait-ci de *Molière*.

„ Il n'était ni trop gras, ni trop maigre ; il
„ avait la taille plus grande que petite, le port
„ noble, la jambe belle ; il marchait gravement,
„ avait l'air très férieux, le nez gros, la bou-
„ che grande, les lèvres épaiſſes, le teint brun,
„ les fourcils noirs & forts, & les divers mou-
„ vemens qu'il leur donnait lui rendaient la phy-
„ ſionomie extrèmement comique. A l'égard de
„ ſon caractère, il était doux, complaiſant,
„ généreux ; il aimait fort à haranguer ; & quand
„ il liſait ſes piéces aux comédiens, il voulait
„ qu'ils y amenaſſent leurs enfans, pour tirer
„ des conjectures de leur mouvement naturel.

Molière ſe fit dans Paris un très grand nombre de partiſans, & preſque autant d'ennemis. Il acoutuma le public, en lui faiſant connaître la bonne comédie, à le juger lui-même très ſévérement. Les mêmes ſpectateurs, qui aplaudiſſaient aux piéces médiocres des autres auteurs, relevaient les moindres défauts de *Molière* avec aigreur. Les hommes jugent de nous par l'atente qu'ils en ont conçue ; & le moindre défaut d'un auteur célèbre, joint avec les malignités du public, ſufit pour faire tomber un bon ouvrage. Voila pourquoi *Britannicus* & les *plaideurs* de monſieur *Racine* furent ſi mal reçus ; voila pourquoi l'*avare*, le *miſantrope*, les *femmes ſavantes*, l'*école des femmes* n'eurent d'abord aucun ſuccés.

Louis XIV, qui avait un goût naturel & l'eſprit très juſte, ſans l'avoir cultivé, ramena ſous vent par son aprobation la cour & la ville aux piéces de *Moliere*. Il eût été plus honorable pour la nation, de n'avoir pas besoin des décisions de son maître pour bien juger. *Moliere* eut des ennemis cruels, surtout les mauvais auteurs du tems, leurs protecteurs, & leurs cabales : ils suscitèrent contre lui les dévots ; on lui imputa des livres scandaleux ; on l'acusa d'avoir joué des hommes puissans, tandis qu'il n'avait joué que les vices en général ; & il eût sucombé sous ces acusations, si ce même roi, qui encouragea & qui soutint *Racine* & *Despréaux*, n'eût pas aussi protégé *Moliere*.

Il n'eut à la vérité qu'une pension de mille livres, & sa troupe n'en eut qu'une de sept. La fortune, qu'il fit par le succès de ses ouvrages, le mit en état de n'avoir rien de plus à souhaiter : ce qu'il retirait du théâtre, avec ce qu'il avait placé, allait à trente mille livres de rente ; somme qui, en ce tems-là, faisait presque le double de la valeur réelle de pareille somme d'aujourd'hui.

Le crédit, qu'il avait auprès du roi, paraît assez par le canonicat qu'il obtint pour le fils de son médecin. Ce médecin s'apellait *Mauvilain*. Tout le monde sait qu'étant un jour au dîné du roi : *Vous avez un médecin*, dit le roi à Molière, *que vous fait-il ? Sire*, répondit Molière, *nous causons ensemble, il m'ordonne des remèdes, je ne les fais point, & je guéris.*

Il faisait de son bien un usage noble & sage : il recevait chez lui des hommes de la meilleure compagnie, les *Chapelles*, les *Jonsacs*, les *Des-*

Barreaux &c., qui joignaient la volupté & la philofophie. Il avait une maifon de campagne à Auteuil, où il fe délaffait fouvent avec eux des fatigues de fa profeffion, qui font bien plus grandes qu'on ne penfe. Le maréchal de *Vivonne*, connu par fon efprit, & par fon amitié pour *Defpréaux*, allait fouvent chez *Molière*, & vivait avec lui comme *Lélius* avec *Térence*. Le grand *Condé* exigeait de lui qu'il le vînt voir fouvent, & difait qu'il trouvait toujours à aprendre dans fa converfation.

Molière employait une partie de fon revenu en libéralités, qui allaient beaucoup plus loin que ce qu'on apelle dans d'autres hommes, *des charités*. Il encourageait fouvent par des préfens confidérables de jeunes auteurs qui marquaient du talent : c'eft peut-être à *Molière* que la France doit *Racine*. Il engagea le jeune *Racine*, qui fortait du Port-royal, à travailler pour le théâtre dès l'âge de dix-neuf ans. Il lui fit compofer la tragédie de *Théagène & Cariclée*; & quoique cette piéce fût trop faible pour être jouée, il fit préfent au jeune auteur de cent louis, & lui donna le plan des *frères ennemis*.

Il n'eft peut-être pas inutile de dire, qu'environ dans le même tems, c'eft-à-dire en 1661, *Racine* ayant fait une ode fur le mariage de *Louis XIV*, monfieur *Colbert* lui envoya cent louis au nom du roi.

Il eft très trifte pour l'honneur des lettres, que *Molière* & *Racine* ayent été brouillés depuis; de fi grands génies, dont l'un avait été le bienfaiteur de l'autre, devaient être toujours amis.

Il éleva & il forma un autre homme, qui par la supériorité de ses talens, & par les dons singuliers qu'il avait reçus de la nature, mérite d'être connu de la postérité. C'était le comédien *Baron*, qui a été unique dans la tragédie & dans la comédie. *Molière* en prit soin comme de son propre fils.

Un jour *Baron* vint lui annoncer qu'un comédien de campagne, que la pauvreté empêchait de se présenter, lui demandait quelque léger secours pour aller joindre sa troupe. *Molière* ayant su que c'était un nommé *Mondorge*, qui avait été son camarade, demanda à *Baron* combien il croyait qu'il falait lui donner? Celui-ci répondit au hazard : *Quatre pistoles. Donnez-lui quatre pistoles pour moi*, lui dit Molière, *en voilà vingt qu'il faut que vous lui donniez pour vous*; & il joignit à ce présent celui d'un habit magnifique. Ce sont de petits faits, mais ils peignent le caractère.

Un autre trait mérite plus d'être raporté. Il venait de donner l'aumône à un pauvre. Un instant après, le pauvre court après lui, & lui dit : *Monsieur, vous n'aviez peut-être pas dessein de me donner un louis d'or, je viens vous le rendre. Tien, mon ami*, dit Molière, *en voilà un autre*; & il s'écria : *Où la vertu va-t-elle se nicher!* Exclamation qui peut faire voir qu'il réfléchissait sur tout ce qui se présentait à lui, & qu'il étudiait partout la nature en homme qui la voulait peindre.

Molière, heureux par ses succès & par ses protecteurs, par ses amis & par sa fortune, ne le fut pas dans sa maison. Il avait épousé en 1661 une jeune fille, née de la *Béjard* & d'un gentilhomme nommé *Modène*. On disait que *Molière* en était le père: le soin, avec lequel on avait répandu cette calomnie, fit que plusieurs personnes prirent celui de la réfuter. On prouva que *Molière* n'avait connu la mère qu'après la naissance de cette fille. La disproportion d'âge, & les dangers auxquels une comédienne jeune & belle est exposée, rendirent ce mariage malheureux; & *Molière*, tout philosophe qu'il était d'ailleurs, essuya dans son domestique les dégoûts, les amertumes, & quelquefois les ridicules, qu'il avait si souvent joués sur le théâtre. Tant il est vrai que les hommes, qui sont au-dessus des autres par les talens, s'en raprochent presque toûjours par les faiblesses. Car pourquoi les talens nous mettraient-ils au-dessus de l'humanité?

La dernière piéce qu'il composa fut le *malade imaginaire*. Il y avait quelque tems que sa poitrine était ataquée, & qu'il crachait quelquefois du sang. Le jour de la troisiéme représentation, il se sentit plus incommodé qu'auparavant: on lui conseilla de ne point jouer; mais il voulut faire un éfort sur lui-même, & cet éfort lui coûta la vie.

Il lui prit une convulsion en prononçant *juro*, dans le divertissement de la réception du *malade imaginaire*. On le raporta mourant chez lui, rue de Richelieu. Il fut assisté quelques momens par deux de ces sœurs religieuses qui viennent quêter à Paris pendant le carême, & qu'il logeait chez lui. Il mourut entre leurs bras, étoufé par le fang qui lui fortait par la bouche, le 17 Février 1673, âgé de cinquante-trois ans. Il ne laiffa qu'une fille, qui avait beaucoup d'efprit. Sa veuve époufa un comédien nommé *Guérin*.

Le malheur qu'il avait eu de ne pouvoir mourir avec les fecours de la religion, & la prévention contre la comédie, déterminèrent *Harlay de Chanvalon* archevêque de Paris, fi connu par fes intrigues galantes, à refufer la fépulture à *Molière*. Le roi le regrettait; & ce monarque, dont il avait été le domeftique & le penfionnaire, eut la bonté de prier l'archevêque de Paris de le faire inhumer dans une églife. Le curé de St. Euftache, fa paroiffe, ne voulut pas s'en charger. La populace qui ne connaiffait dans *Molière* que le comédien, & qui ignorait qu'il avait été un excellent auteur, un philofophe, un grand homme en fon genre, s'atroupa en foule à la porte de fa maifon le jour du convoi: fa veuve fut obligée de jetter de l'argent par les fenêtres; & ces miférables qui auraient, fans favoir pourquoi, troublé l'enterrement, acompagnèrent le corps avec refpect.

La dificulté qu'on fit de lui donner la fépulture, & les injuftices qu'il avait effuyées pendant fa vie, engagèrent le fameux père *Bouhours* à compofer cette efpèce d'épitaphe, qui de toutes celles qu'on fit pour *Molière* eft la feule qui mérite d'être raportée, & la feule qui ne foit pas dans cette fauffe & mauvaife hiftoire qu'on a mife jufqu'ici au-devant de fes ouvrages.

Tu réformas & la ville & la cour ;
Mais quelle en fut la récompense ?
Les Français rougiront un jour
De leur peu de reconnaissance.
Il leur falut un comédien
Qui mit à les polir sa gloire & son étude ;
Mais, Molière, à ta gloire il ne manquerait rien,
Si, parmi les défauts que tu peignis si bien,
Tu les avais repris de leur ingratitude.

Non-seulement j'ai omis dans cette vie de *Molière* les contes populaires touchant *Chapelle* & ses amis ; mais je suis obligé de dire, que ces contes adoptés par *Grimarest* sont très faux. Le feu duc de *Sulli*, le dernier prince de *Vendôme*, l'abbé de *Chaulieu*, qui avaient beaucoup vécu avec *Chapelle*, m'ont assuré que toutes ces historiettes ne méritaient aucune créance.

L'ÉTOURDI OU LES CONTRE-TEMS,

Comédie en vers & en cinq actes, jouée d'abord à Lyon en 1653, & à Paris au mois de Décembre 1658, sur le théâtre du petit Bourbon.

CEtte piéce est la première comédie que *Molière* ait donnée à Paris : elle est composée de plusieurs petites intrigues assez indépendantes les unes des autres ; c'était le goût du théâtre italien & espagnol, qui s'était introduit à Paris.

Les comédies n'étaient alors que des tissus d'avantures singulières, où l'on n'avait guères songé à peindre les mœurs. Le théâtre n'était point, comme il le doit être, la représentation de la vie humaine. La coutume humiliante pour l'humanité, que les hommes puissans avaient pour lors, de tenir des fous auprès d'eux, avait infecté le théâtre ; on n'y voyait que de vils boufons, qui étaient les modèles de nos *Jodelets*; & on ne représentait que le ridicule de ces misérables, au lieu de jouer celui de leurs maîtres. La bonne comédie ne pouvait être connue en France, puisque la société & la galanterie, seules sources du bon comique, ne faisaient que d'y naître. Ce loisir, dans lequel les hommes rendus à eux-mêmes se livrent à leur caractère & à leur ridicule, est le seul tems propre pour la comédie; car c'est le seul où ceux qui ont le talent de peindre les hommes ayent l'ocasion de les bien voir, & le seul pendant lequel les spectacles puissent être fréquentés assiduement. Aussi ce ne fut qu'après avoir bien vu la cour & Paris, & bien connu les hommes, que *Molière* les représenta avec des couleurs si vrayes & si durables.

Les connaisseurs ont dit, que *l'étourdi* devrait seulement être intitulé *les contre-tems*. Lélie, en rendant une bourse qu'il a trouvée, en secourant un homme qu'on ataque, fait des actions de générosité, plutôt que d'étourderie. Son valet paraît plus étourdi que lui, puisqu'il n'a presque jamais l'atention de l'avertir de ce qu'il veut faire. Le dénouement, qui a trop souvent été l'écueil de *Molière*, n'est pas meilleur ici que dans ses autres piéces : cette faute eſt plus inexcuſable dans une piéce d'intrigue, que dans une comédie de caractère.

On eſt obligé de dire (& c'eſt principalement aux étrangers qu'on le dit) que le ſtile de cette piéce eſt faible & négligé, & que ſurtout il y a beaucoup de fautes contre la langue. Non-ſeulement il ſe trouve dans les ouvrages de cet admirable auteur, des vices de conſtruction, mais auſſi pluſieurs mots impropres & ſurannés. Trois des plus grands auteurs du ſiécle de *Louis XIV*, *Molière*, *la Fontaine*, & *Corneille*, ne doivent être lus qu'avec précaution par raport au langage. Il faut que ceux qui aprennent notre langue dans les écrits des auteurs célèbres, y diſcernent ces petites fautes, & qu'ils ne les prennent pas pour des autorités.

Au reſte, *l'étourdi* eut plus de ſuccès que le *miſantrope*, *l'avare* & *les femmes ſavantes* n'en eurent depuis. C'eſt qu'avant *l'étourdi* on ne connaiſſait pas mieux, & que la réputation de *Molière* ne faiſait pas encor d'ombrage. Il n'y avait alors de bonne comédie au théâtre français que le *menteur*.

LE DÉPIT AMOUREUX,

Comédie en vers & en cinq actes, représentée au théâtre du petit Bourbon en 1658.

LE *dépit amoureux* fut joué à Paris, immédiatement après *l'étourdi*. C'est encor une piéce d'intrigue, mais d'un autre genre que la précédente. Il n'y a qu'un seul nœud dans le *dépit amoureux*. Il est vrai qu'on a trouvé le déguisement d'une fille en garçon peu vraisemblable. Cette intrigue a le défaut d'un roman, sans en avoir l'intérêt ; & le cinquième acte, employé à débrouiller ce roman, n'a paru ni vif, ni comique. On a admiré dans le *dépit amoureux* la scène de la brouillerie & du racommodement d'*Eraste* & de *Lucile*. Le succès est toujours assuré, soit en tragique, soit en comique, à ces sortes de scènes qui représentent la passion la plus chère aux hommes dans la circonstance la plus vive. La petite ode d'Horace, *Donec gratus eram tibi*, a été regardée comme le modèle de ces scènes, qui sont enfin devenues des lieux-communs.

LES PRÉCIEUSES RIDICULES,

Comédie en un acte & en profe, jouée d'abord en province, & repréfentée pour la première fois à Paris fur le théâtre du petit Bourbon, au mois de Novembre 1659.

LOrfque *Molière* donna cette comédie, la fureur du bel-efprit était plus que jamais à la mode. *Voiture* avait été le premier en France qui avait écrit avec cette galanterie ingénieufe, dans laquelle il eft fi dificile d'éviter la fadeur & l'afectation. Ses ouvrages, où il fe trouve quelques vrayes beautés avec trop de faux-brillans, étaient les feuls modèles; & prefque tous ceux qui fe piquaient d'efprit n'imitaient que fes défauts. Les romans de mademoifelle *Scudéri* avaient achevé de gâter le goût : il régnait dans la plûpart des converfations un mélange de galanterie guindée, de fentimens romanefques & d'expreffions bizarres, qui compofaient un jargon nouveau, inintelligible & admiré. Les provinces, qui outrent toutes les modes, avaient encor renchéri fur ce ridicule : les femmes qui fe piquaient de cette efpèce de bel-efprit, s'apellaient *précieufes*; ce nom, fi décrié depuis par la piéce de *Molière*, était alors honorable; & *Molière* même dit dans fa préface, qu'il a beaucoup de refpect pour *les véritables précieufes*, & qu'il n'a voulu jouer que les fauffes.

Cette petite piéce, faite d'abord pour la province, fut aplaudie à Paris, & jouée quatre mois de fuite. La troupe de *Molière* fit doubler pour la première fois le prix ordinaire, qui n'était alors que dix fols au parterre.

Dès la première repréfentation, *Ménage*, homme célèbre dans ce tems-là, dit au fameux Chapelain: *nous adorions vous & moi toutes les fotifes qui viennent d'être fi bien critiquées; croyez-moi, il nous faudra brûler ce que nous avons adoré.* Du moins c'eft ce que l'on trouve dans le *Ménagiana*; & il eft affez vraifemblable que *Chapelain*, homme alors très eftimé, & cependant le plus mauvais poëte qui ait jamais été, parlait lui-même le jargon des *précieufes ridicules* chez madame de *Longueville*, qui préfidait, à ce que dit le cardinal de *Retz*, à ces combats fpirituels dans lefquels on était parvenu à ne fe point entendre.

La piéce eft fans intrigue & toute de caractère. Il y a très peu de défauts contre la langue, parce que lorfqu'on écrit en profe, on eft bien plus maître de fon ftile; & parce que *Molière*, ayant à critiquer le langage des beaux-efprits du tems, châtia le fien davantage. Le grand fuccès de ce petit ouvrage lui atira des critiques, que *l'étourdi* & *le dépit amoureux* n'avaient pas effuyées. Un certain *Antoine Bodeau* fit *les véritables précieufes*; on parodia la piéce de *Molière*: mais toutes ces critiques & ces parodies font tombées dans l'oubli qu'elles méritaient.

On fait qu'à une repréfentation des *précieufes ridicules*, un vieillard s'écria du milieu du

parterre: *courage, Molière, voila la bonne comédie.*
On eut honte de ce ſtile afecté, contre lequel
Molière & *Deſpréaux* ſe ſont toujours élevés.
On commença à ne plus eſtimer que le naturel ;
& c'eſt peut-être l'époque du bon goût en
France.

L'envie de ſe diſtinguer a ramené depuis le
ſtile des *précieuſes ;* on le retrouve encor dans
pluſieurs livres modernes. L'un (*a*), en traitant
ſérieuſement de nos loix, apelle un exploit,
un compliment timbré. L'autre (*b*), écrivant à
une maîtreſſe en l'air, lui dit : *votre nom eſt
écrit en groſſes lettres ſur mon cœur… Je veux
vous faire peindre en Iroquoiſe, mangeant une
demi-douzaine de cœurs par amuſement.* Un troiſième (*c*) apelle un cadran au ſoleil, *un grefier
ſolaire ;* une groſſe rave, *un phénomène potager.*
Ce ſtile a reparu ſur le théâtre même, où *Molière* l'avait ſi bien tourné en ridicule. Mais la
nation entière a marqué ſon bon goût, en mé-
priſant cette afectation dans des auteurs que
d'ailleurs elle eſtimait.

(*a*) Toureil.
(*c*) Fontenelle.
(*b*) La Motte.

LE COCU IMAGINAIRE,

Comédie en un acte & en vers, représentée à Paris le 28 May 1660.

LE *cocu imaginaire* fut joué quarante fois de suite, quoique dans l'été, & pendant que le mariage du roi retenait toute la cour hors de Paris. C'est une piéce en un acte, où il entre un peu de caractère, & dont l'intrigue est comique par elle-même. On voit que *Molière* perfectionna sa manière d'écrire, par son séjour à Paris. Le stile du *cocu imaginaire* l'emporte beaucoup sur celui de ses premières piéces en vers; on y trouve bien moins de fautes de langage. Il est vrai qu'il y a quelques grossiéretés :

> La bière est un séjour par trop mélancolique,
> Et trop mal-sain pour ceux qui craignent la colique.

Il y a des expressions qui ont vieilli. Il y a aussi des termes que la politesse a bannis aujourd'hui du théatre, comme, *carogne*, *cocu*, &c.

Le dénouement, que fait *Villebrequin*, est un des moins bien ménagés & des moins heureux de *Molière*. Cette piéce eut le sort des bons ouvrages, qui ont & de mauvais censeurs & de mauvais copistes. Un nommé *Donneau* fit jouer à l'hôtel de Bourgogne *la cocue imaginaire*, à la fin de 1661.

DON

DON GARCIE DE NAVARRE

OU LE PRINCE JALOUX,

Comédie héroïque en vers & en cinq actes, repré-
fentée pour la première fois le 4 Fevrier 1661.

Molière joua le rôle de *Don Garcie*, & ce fut par cette piéce qu'il aprit qu'il n'avait point de talent pour le férieux, comme acteur. La piéce & le jeu de *Molière* furent très mal reçus. Cette piéce, imitée de l'efpagnol, n'a jamais été rejouée depuis fa chûte. La réputation naiffante de *Molière* fouffrit beaucoup de cette difgrace, & fes ennemis triomphèrent quelque tems. *Don Garcie* ne fut imprimé qu'après la mort de l'auteur.

L'ÉCOLE DES MARIS,

Comédie en vers & en trois actes, repréfentée à
Paris le 24 Juin 1661.

Il y a grande aparence que *Molière* avait au moins les canevas de ces premieres piéces déja préparés, puifqu'elles fe fuccéderent en fi peu de tems.

L'école des maris afermit pour jamais la réputation de *Molière*. C'eſt une piéce de caractère & d'intrigue. Quand il n'aurait fait que ce ſeul ouvrage, il eût pu paſſer pour un excellent auteur comique.

On a dit que *l'école des maris* était une copie des *Adelphes* de *Térence*: ſi cela était, *Molière* eût plus mérité l'éloge d'avoir fait paſſer en France le bon goût de l'ancienne Rome, que le reproche d'avoir dérobé ſa piéce. Mais les *Adelphes* ont fourni tout au plus l'idée de *l'école des maris*. Il y a dans les *Adelphes* deux vieillards de diférente humeur, qui donnent chacun une éducation diférente aux enfans qu'ils élèvent; il y a de mème dans *l'école des maris* deux tuteurs, dont l'un eſt ſévère, & l'autre indulgent: voila toute la reſſemblance. Il n'y a preſque point d'intrigue dans les *Adelphes*; celle de *l'école des maris* eſt fine, intéreſſante & comique. Une des femmes de la piéce de *Térence*, qui devrait faire le perſonage le plus intéreſſant, ne paraît ſur le théâtre que pour acoucher. L'*Iſabelle* de *Molière* ocupe preſque toujours la ſcène avec eſprit & avec grace, & mèle quelquefois de la bienſéance, même dans les tours qu'elle joue à ſon tuteur. Le dénouement des *Adelphes* n'a nulle vraiſemblance; il n'eſt point dans la nature, qu'un vieillard qui a été ſoixante ans chagrin, ſévère & avare, devienne tout-à-coup gai, complaiſant & libéral. Le dénouement de *l'école des maris* eſt le meilleur de toutes les piéces de *Molière*. Il eſt vraiſemblable, naturel, tiré du fond de l'intrigue; & ce qui vaut bien autant, il eſt extrêmément comique. Le ſtile de *Térence* eſt pur, ſentencieux, mais un peu froid; comme *Céſar*, qui excellait en tout, le lui a reproché. Celui de *Molière* dans cette piéce eſt plus châtié que dans les autres. L'auteur français égale preſque la pureté de la diction de *Térence*, & le paſſe de bien loin dans l'intrigue, dans le caractère, dans le dénouement, dans la plaiſanterie.

LES FACHEUX,

Comédie en vers & en trois actes, repréſentée à Vaux devant le roi, au mois d'Août, & à Paris ſur le théâtre du palais-royal, le 4 Novembre de la même année 1661.

Nicolas *Fouquet*, dernier ſurintendant des finances, engagea *Molière* à compoſer cette comédie pour la fameuſe fête qu'il donna au roi & à la reine-mère, dans ſa maiſon de Vaux, aujourd'hui apellée *Villars*. Molière n'eût que quinze jours pour ſe préparer. Il avait déja quelques ſcènes détachées toutes prêtes; il y en ajouta de nouvelles, & en compoſa cette comédie, qui fût, comme il le dit dans la préface faite, apriſe & repréſentée en moins de quinze jours. Il n'eſt pas vrai, comme le prétend *Grimareſt*, auteur d'une vie de *Molière*, que le roi lui eût alors fourni lui-même le caractère du chaſſeur. *Molière* n'avait point encore auprès du roi un accès aſſez libre: de plus, ce n'était pas ce prince qui donnaît la fête, c'était *Fouquet*; & il falait ménager au roi le plaifir de la furprife.

Cette piéce fit au roi un plaifir extrême, quoique les balets des intermedes fuffent mal inventés & mal exécutés. *Paul Péliffon*, homme célèbre dans les lettres, compofa le prologue en vers à la louange du roi. Ce prologue fut très aplaudi de toute la cour, & plut beaucoup à *Louis XIV*. Mais celui qui donna la fête, & l'auteur du prologue, furent tous deux mis en prifon peu de tems après. On les voulait même arêter au milieu de la fête. Trifte exemple de l'inftabilité des fortunes de cour.

Les *fâcheux* ne font pas le premier ouvrage en fcènes abfolument détachées, qu'on ait vu fur notre théâtre. Les *vifionnaires* de *Defmarets* étaient dans ce goût, & avaient eu un fuccès fi prodigieux, que tous les beaux-efprits du tems de *Defmarets* l'apellaient l'*inimitable comédie*. Le goût du public s'eft tellement perfectionné depuis, que cette comédie ne paraît aujourd'hui inimitable que par fon extrême impertinence. Sa vieille réputation fit que les comédiens oférent la jouer en 1719, mais ils ne purent jamais l'achever. Il ne faut pas craindre que les *fâcheux* tombent dans le même décri. On ignorait le théâtre du tems de *Defmarets*. Les auteurs étaient outrés en tout, parce qu'ils ne connaiffaient point la nature. Ils peignaient au hazard des caractères chimériques. Le faux, le bas, le gigantefque, dominaient partout. *Moliere* fut le premier qui fit fentir le vrai, & par conféquent le beau. Cette piéce le fit connaître plus particuliérement de la cour & du maître; & lorsque, quelque tems après, *Molière* donna cette piéce à St. Germain, le roi lui ordonna d'y ajouter la scène du chasseur. On prétend que ce chasseur était le comte de *Soyecourt*. *Molière*, qui n'entendait rien au jargon de la chasse, pria le comte de *Soyecourt* lui-même, de lui indiquer les termes dont il devait se servir.

L'ÉCOLE DES FEMMES,

Comédie en vers & en cinq actes, représentée à Paris sur le théâtre du palais-royal, le 26 Décembre 1662.

LE théâtre de *Molière*, qui avait donné naissance à la bonne comédie, fut abandonné la moitié de l'année 1661, & toute l'année 1662, pour certaines farces moitié italiennes, moitié françaises, qui furent alors acréditées par le retour d'un fameux pantomime italien, connu sous le nom de *Scaramouche*. Les mêmes spectateurs, qui aplaudissaient sans réserve à ces farces monstrueuses, se rendirent dificiles pour *l'école des femmes*, piéce d'un genre tout nouveau, laquelle, quoique toute en récits, est ménagée avec tant d'art, que tout paraît être en action.

Elle fut très suivie & très critiquée, comme le dit la gazette de *Loret*:

Piéce qu'en plusieurs lieux on fronde,
Mais où pourtant va tant de monde,
Que jamais sujet important
Pour le voir n'en atira tant.

Elle passe pour être inférieure en tout à l'*école des maris*, & surtout dans le dénouement, qui est aussi *postiche* dans *l'école des femmes*, qu'il est bien amené dans *l'école des maris*. On se révolta généralement contre quelques expressions qui paraissent indignes de *Molière*; on désaprouva *le corbillon*, *la tarte à la crême*, *les enfans faits par l'oreille*. Mais aussi les connaisseurs admirèrent avec quelle adresse *Molière* avait su atacher & plaire pendant cinq actes, par la seule confidence d'*Horace* au vieillard, & par de simples récits. Il semblait qu'un sujet ainsi traité ne dût fournir qu'un acte. Mais c'est le caractère du vrai génie, de répandre sa fécondité sur un sujet stérile, & de varier ce qui semble uniforme. On peut dire en passant, que c'est là le grand art des tragédies de l'admirable *Racine*.

LA CRITIQUE DE L'ÉCOLE DES FEMMES,

Petite piéce en un acte & en prose, représentée à Paris sur le théâtre du palais-royal, le premier Juin 1663.

C'Eſt le premier ouvrage de ce genre qu'on connaiſſe au théâtre. C'eſt proprement un dialogue, & non une comédie. *Molière* y fait plus la ſatyre de ſes cenſeurs, qu'il ne défend les endroits faibles de l'*école des femmes*. On convient qu'il avait tort de vouloir juſtifier *la tarte à la crème*, & quelques autres baſſeſſes de ſtile qui lui étaient échapées; mais ſes ennemis avaient plus grand tort de ſaiſir ces petits défauts pour condamner un bon ouvrage.

Bourſault crut ſe reconnaître dans le portrait de *Liſidas*. Pour s'en venger, il fit jouer à l'hôtel de Bourgogne une petite piéce dans le goût de la *critique de l'école des femmes*, intitulée; *le portrait du peintre*, ou *la contre-critique*.

L'IMPROMPTU DE VERSAILLES,

Petite piéce en un acte & en prose, représentée à Versailles le 14 Octobre 1663, & à Paris le 4 Novembre de la même année.

Molière fit ce petit ouvrage en partie pour se justifier devant le roi de plusieurs calomnies, & en partie pour répondre à la piéce de *Boursault*. C'est une satyre cruelle & outrée. *Boursault* y est nommé par son nom. La licence de l'ancienne comédie grecque n'allait pas plus loin. Il eût été de la bienséance & de l'honnèteté publique, de suprimer la satyre de *Boursault* & celle de *Molière*. Il est honteux que les hommes de génie & de talent s'exposent par cette petite guerre à être la risée des sots. Il n'est permis de s'adresser aux personnes que quand ce sont des hommes publiquement deshonorés, commme *Rolet* & *Wasp*. Molière sentit d'ailleurs la faiblesse de cette petite comédie, & ne la fit point imprimer.

LA PRINCESSE D'ÉLIDE

OU

LES PLAISIRS DE L'ISLE ENCHANTÉE,

Représentée le 7 May 1664, à Verfailles, à la grande fête que le roi donna aux reines.

LEs fêtes, que *Louis XIV* donna dans fa jeuneſſe, méritent d'entrer dans l'hiſtoire de ce monarque, non-ſeulement par les magnificences ſingulières, mais encor par le bonheur qu'il eut d'avoir des hommes célèbres en tous genres, qui contribuaient en même tems à ſes plaiſirs, à la politeſſe, & à la gloire de la nation. Ce fut à cette fête, connue ſous le nom de *l'iſle enchantée*, que *Molière* fit jouer *la princeſſe d'Elide*, comédie-ballet en cinq actes. Il n'y a que le premier acte & la première ſcène du ſecond, qui ſoient en vers; *Molière*, preſſé par le tems, écrivit le reſte en proſe. Cette pièce réuſſit beaucoup dans une cour qui ne reſpirait que la joye, & qui au milieu de tant de plaiſirs ne pouvait critiquer avec ſévérité un ouvrage fait à la hate pour embellir la fête.

On a depuis repréſenté la *princeſſe d'Elide* à Paris; mais elle ne put avoir le même ſuccès, dépouillée de tous ſes ornemens & des circonſtances heureuſes qui l'avaient ſoutenue. On joua la même année la comédie de *la mère coquette* du célèbre *Quinault*; c'était presque la seule bonne comédie qu'on eut vue en France, hors les piéces de *Molière*, & elle dut lui donner de l'émulation. Rarement les ouvrages faits pour des fêtes réussissent-ils au théâtre de Paris. Ceux à qui la fête est donnée sont toujours indulgens : mais le public libre est toujours sévère. Le genre sérieux & galant n'était pas le génie de *Molière*; & cette espèce de poëme n'ayant ni le plaisant de la comédie, ni les grandes passions de la tragédie, tombe presque toujours dans l'insipidité.

LE MARIAGE FORCÉ,

Petite piéce en prose & en un acte, représentée au Louvre le 24 Janvier 1664, & au théâtre du palais-royal le 15 Décembre de la même année.

C'Est une de ces petites farces de *Molière*, qu'il prit l'habitude de faire jouer après les piéces en cinq actes. Il y a dans celle-ci quelques scènes tirées du théâtre italien. On y remarque plus de bouffonnerie que d'art & d'agrément. Elle fut acompagnée au Louvre d'un petit ballet, où *Louis XIV* dansa.

L'AMOUR MÉDECIN,

Petite comédie en un acte & en profe, repréfentée à Verfailles le 15 Septembre 1665, & fur le théatre du palais-royal le 22 du même mois.

L'*Amour médecin* eft un impromptu, fait pour le roi en cinq jours de tems : cependant cette petite piéce eft d'un meilleur comique que *le mariage forcé*. Elle fut acompagnée d'un prologue en mufique, qui eft l'une des premières compofitions de *Lulli*.

C'eft le premier ouvrage dans lequel *Moliére* ait joué les médecins. Ils étaient fort diférens de ceux d'aujourd'hui; ils allaient prefque toujours en robe & en rabat, & confultaient en latin.

Si les médecins de notre tems ne connaiffent pas mieux la nature, ils connaiffent mieux le monde, & favent que le grand art d'un médecin eft l'art de plaire. *Molière* peut avoir contribué à leur ôter leur pédanterie; mais les mœurs du fiécle, qui ont changé en tout, y ont contribué davantage. L'efprit de raifon s'eft introduit dans toutes les fciences, & la politeffe dans toutes les conditions.

DON JUAN
OU
LE FESTIN DE PIERRE,

Comédie en prose & en cinq actes, représentée sur le théâtre du palais-royal le 15 Février 1665.

L'Original de la comédie bizarre du *festin de Pierre*, est de *Tirso de Molina*, auteur espagnol. Il est intitulé : *el combidado de Piedra*, le convié de Pierre. Il fut joué ensuite en Italie, sous le titre de *convitato di Pietra*. La troupe des comédiens italiens le joua à Paris, & on l'apella *le festin de Pierre*. Il eut un grand succès sur ce théâtre irrégulier ; on ne se révolta point contre le monstrueux assemblage de boufonnerie & de religion, de plaisanterie & d'horreur, ni contre les prodiges extravagans qui font le sujet de cette piéce : une statue qui marche & qui parle, & les flammes de l'enfer qui engloutissent un débauché sur le théâtre d'*Arlequin*, ne soulevèrent point les esprits : soit qu'en éfet il y ait dans cette piéce quelque intérèt, soit que le jeu des comédiens l'embellît, soit plutôt que le peuple, à qui le *festin de Pierre* plait beaucoup plus qu'aux honnêtes gens, aime cette espèce de merveilleux.

Villiers, comédien de l'hôtel de Bourgogne, mit le *festin de Pierre* en vers, & il eut quelque fuccès à ce théâtre. *Molière* voulut auffi traiter ce bizarre fujet. L'empreffement d'enlever des fpectateurs à l'hôtel de Bourgogne fit qu'il fe contenta de donner en profe fa comédie : c'était une nouveauté inouïe alors, qu'une piéce de cinq actes en profe. On voit par là combien l'habitude a de puiffance fur les hommes, & comme elle forme les diférens goûts des nations. Il y a des pays où l'on n'a pas l'idée qu'une comédie puiffe réuffir en vers ; les Français au contraire ne croyaient pas qu'on pût fuporter une longue comédie qui ne fût pas rimée. Ce préjugé fit donner la préférence à la piéce de *Villiers* fur celle de *Molière* ; & ce préjugé a duré fi longtems, que *Thomas Corneille* en 1673, immédiatement après la mort de *Molière*, mit fon *feftin de Pierre* en vers : il eut alors un grand fuccès fur le théâtre de la rue Guénegaud, & c'eft de cette feule manière qu'on le repréfente aujourd'hui.

A la première repréfentation du *feftin de Pierre* de *Molière*, il y avait une fcène entre Don Juan & un pauvre. Don Juan demandait à ce pauvre, à quoi il paffait fa vie dans la forêt ? *A prier* DIEU, répondait le pauvre, *pour les honnêtes gens qui me donnent l'aumône. Tu paffes ta vie à prier* DIEU ? difait Don Juan : *fi cela eft, tu dois donc être fort à ton aife. Hélas ! monfieur, je n'ai pas fouvent de quoi manger. Cela ne fe peut pas*, repliquait Don Juan : DIEU *ne faurait laiffer mourir de faim ceux qui le prient du foir au matin. Tien, voilà un louis d'or ; mais je te le donne pour l'amour de l'humanité.*

Cette fcène, convenable au caractère impie de

Don Juan, mais dont les esprits faibles pouvaient faire un mauvais usage, fut suprimée à la seconde représentation; & ce retranchement fut peut-être cause du peu de succès de la pièce.

Celui qui écrit ceci a vu la scène écrite de la main de *Moliere*, entre les mains du fils de *Pierre Marcassus*, ami de l'auteur.

Cette scène a été imprimée depuis.

LE MISANTROPE,

Comédie en vers & en cinq actes, représentée sur le théâtre du palais-royal le 4 Juin 1666.

L'Europe regarde cet ouvrage comme le chef-d'œuvre du haut comique. Le sujet du *misantrope* a réussi chez toutes les nations longtems avant *Moliere*, & après lui. En éfet, il y a peu de chofes plus atachantes qu'un homme qui hait le genre-humain dont il a éprouvé les noirceurs, & qui est entouré de flateurs dont la complaifance fervile fait un contraste avec son inflexibilité. Cette façon de traiter le *misantrope* est la plus commune, la plus naturelle & la plus susceptible du genre comique. Celle dont *Moliere* l'a traité est bien plus délicate, & fourniffant bien moins, exigeait beaucoup d'art. Il s'est fait à lui-même un sujet stérile, privé d'action, dénué d'intérêt. Son *misantrope* hait les hommes, encor plus par humeur que par raison. Il n'y a d'intrigue dans la piéce, que ce qu'il en faut pour faire fortir les caractères, mais peut-être pas aſſez pour atacher ; en récompenſe, tous ces caractères ont une force, une vérité & une fineſſe, que jamais auteur comique n'a connues comme lui.

Moliére eſt le premier qui ait ſu tourner en ſcènes ces converſations du monde, & y mêler des portraits. Le *miſantrope* en eſt plein ; c'eſt une peinture continuelle, mais une peinture de ces ridicules que les yeux vulgaires n'aperçoivent pas. Il eſt inutile d'examiner ici en détail les beautés de ce chef-d'œuvre de l'eſprit, & de montrer avec quel art *Moliére* a peint un homme qui pouſſe la vertu juſqu'au ridicule, rempli de faibleſſes pour une coquette, de remarquer la converſation & le contraſte charmant d'une prude avec cette coquette outrée. Quiconque lit doit ſentir ces beautés, leſquelles même, toutes grandes qu'elles ſont, ne ſeraient rien ſans le ſtile. La piéce eſt d'un bout à l'autre à peu près dans le ſtile des ſatyres de *Deſpréaux*, & c'eſt de toutes les piéces de *Moliére* la plus fortement écrite.

Elle eut à la première repréſentation les aplaudiſſemens qu'elle méritait. Mais c'était un ouvrage plus fait pour les gens d'eſprit que pour la multitude, & plus propre encor à être lu qu'à être joué. Le théâtre fut déſert dès le troiſième jour. Depuis, lorſque le fameux acteur *Baron* étant remonté ſur le théâtre, après trente ans d'abſence, joua le *miſantrope*, la piéce n'atira pas un grand concours ; ce qui confirma l'opinion où l'on était, que cette piéce ſerait plus admirée que ſuivie. Ce peu d'empreſſement qu'on a d'un côté pour le *mifantrope*, & de l'autre la jufte admiration qu'on a pour lui, prouve peut-être plus qu'on ne penfe que le public n'eft point injufte. Il court en foule à des comédies gaies & amufantes, mais qu'il n'eftime guères; & ce qu'il admire n'eft pas toujours réjouiffant. Il en eft des comédies comme des jeux: il y en a que tout le monde joue; il y en a qui ne font faits que pour les efprits plus fins & plus apliqués.

Si on ofait encor chercher dans le cœur humain la raifon de cette tiédeur du public aux repréfentations du *mifantrope*, peut-être les trouverait-on dans l'intrigue de la piéce, dont les beautés ingénieufes & fines ne font pas également vives & intéreffantes; dans ces converfations même, qui font des morceaux inimitables, mais qui n'étant pas toujours néceffaires à la piéce peut-être refroidiffent un peu l'action, pendant qu'elles font admirer l'auteur; enfin dans le dénouement qui, tout bien amené & tout fage qu'il eft, femble être atendu du public fans inquiétude, & qui venant après une intrigue peu atachante ne peut avoir rien de piquant. En éfet, le fpectateur ne fouhaite point que le *mifantrope* époufe la coquette *Célimene*, & ne s'inquiète pas beaucoup s'il fe détachera d'elle. Enfin on prendrait la liberté de dire, que le *mifantrope* eft une fatyre plus fage & plus fine que celle d'*Horace* & de *Boileau*, & pour le moins auffi bien écrite: mais qu'il y a des comédies plus intéreffantes; & que le *Tartuffe*, par exemple, réunit les beautés du ftile du *mifantrope*, avec un intérêt plus marqué.

On

On fait que les ennemis de *Molière* voulurent perfuader au duc de *Montaufier*, fameux par fa vertu fauvage, que c'était lui que *Molière* jouait dans le *mifantrope*. Le duc de *Montaufier* alla voir la piéce, & dit en fortant, qu'il aurait bien voulu reffembler au *mifantrope* de *Molière*.

LE MÉDECIN MALGRÉ LUI,

Comédie en trois actes & en profe, repréfentée fur le théâtre du palais-royal, le 9 Août 1666.

Molière, ayant fufpendu fon chef-d'œuvre du *mifantrope*, le rendit quelque tems après au public, acompagné du *médecin malgré lui*, farce très-gaie & très-boufonne, & dont le peuple groffier avait befoin; à peu près comme à l'opéra, après une mufique noble & favante, on entend avec plaifir ces petits airs qui ont par eux-mêmes peu de mérite, mais que tout le monde retient aifément. Ces gentilleffes frivoles fervent à faire goûter les beautés férieufes.

Le *médecin malgré lui* foutint le *mifantrope*: c'eft peut-être à la honte de la nature humaine, mais c'eft ainfi qu'elle eft faite; on va plus à la comédie pour rire que pour être inftruit. Le *mifantrope* était l'ouvrage d'un fage qui écrivait pour les hommes éclairés; & il falut que le fage fe déguifât en farceur pour plaire à la multitude.

D

LE SICILIEN OU L'AMOUR PEINTRE,

Comédie en prose & en un acte, représentée à saint Germain en Laye en 1667, & sur le théâtre du palais-royal le 10 Juin de la même année.

C'Est la seule petite piéce en un acte, où il y ait de la grace & de la galanterie. Les autres petites piéces, que *Molière* ne donnait que comme des farces, ont d'ordinaire un fonds plus boufon & moins agréable.

MÉLICERTE, PASTORALE HÉROIQUE,

Représentée à saint Germain en Laye pour le roi au ballet des muses, en Décembre 1666.

*M*Olière n'a jamais fait que deux actes de cette comédie; le roi se contenta de ces deux actes dans la fête du ballet des muses. Le public n'a point regretté que l'auteur ait négligé de finir cet ouvrage : il est dans un genre qui n'était point celui de *Molière*. Quelque peine qu'il y eut prise, les plus grands éforts d'un homme d'esprit ne remplacent jamais le génie.

AMPHITRION,

Comédie en vers & en trois actes, représentée sur le théâtre du palais-royal le 13 Janvier 1668.

EUripide & Archippus avaient traité ce sujet de tragi-comédie chez les Grecs ; c'est une des pièces de *Plaute* qui a eu le plus de succès ; on la jouait encor à Rome cinq cents ans après lui ; & ce qui peut paraître singulier, c'est qu'on la jouait toujours dans des fêtes consacrées à *Jupiter*. Il n'y a que ceux qui ne savent point combien les hommes agissent peu conséquemment, qui puissent être surpris qu'on se moquât publiquement au théâtre des mêmes dieux qu'on adorait dans les temples.

Molière a tout pris de *Plaute*, hors les scènes de *Sosie* & de *Cléantis*. Ceux qui ont dit qu'il a imité son prologue de *Lucien* ne savent pas la diférence qui est entre une imitation, & la ressemblance très-éloignée de l'excellent dialogue de la nuit & de *Mercure* dans *Molière*, avec le petit dialogue de *Mercure* & d'*Apollon* dans *Lucien* : il n'y a pas une plaisanterie, pas un seul mot, que *Molière* doive à cet auteur grec.

Tous les lecteurs exemts de préjugés savent combien l'*Amphitrion* français est au-dessus de l'*Amphitrion* latin. On ne peut pas dire des plaisanteries de *Molière*, ce qu'*Horace* dit de celles de *Plaute* :

Nostri proavi Plautinos & numeros &
Laudavere sales, nimium patienter utrumque.

Dans *Plaute*, Mercure dit à Sosie : *tu viens avec des fourberies cousues.* Sosie répond : *je viens avec des habits cousus. Tu as menti,* replique le dieu, *tu viens avec tes pieds, & non avec tes habits.* Ce n'est pas là le comique de notre théâtre. Autant *Molière* parait surpasser *Plaute* dans cette espèce de plaisanterie que les Romains nommaient *urbanité*, autant parait-il aussi l'emporter dans l'économie de sa piéce. Quand il falait chez les anciens aprendre au spectateur quelque événement, un acteur venait sans façon le conter dans un monologue ; ainsi *Amphitrion* & *Mercure* viennent seuls sur la scène dire tout ce qu'ils ont fait pendant les entr'actes. Il n'y avait pas plus d'art dans les tragédies. Cela seul fait peut-être voir que le théâtre des anciens, (d'ailleurs à jamais respectable,) est par raport au nôtre ce que l'enfance est à l'âge mûr.

Madame *Dacier* qui a fait honneur à son sexe par son érudition, & qui lui en eût fait davantage, si avec la science des commentateurs elle n'en eût pas eu l'esprit, fit une dissertation pour prouver que l'*Amphitrion* de *Plaute* était fort au-dessus du moderne ; mais ayant ouï dire que *Molière* voulait faire une comédie des *femmes savantes*, elle suprima sa dissertation.

L'*Amphitrion* de *Molière* réussit pleinement & sans contradiction ; aussi est-ce une piéce pour plaire aux plus simples & aux plus grossiers, comme aux plus délicats. C'eſt la première comédie que *Molière* ait écrite en vers libres. On prétendit alors que ce genre de verſification était plus propre à la comédie que les rimes plates, en ce qu'il y a plus de liberté & plus de variété. Cependant les rimes plates en vers alexandrins ont prévalu. Les vers libres ſont d'autant plus mal-aiſés à faire qu'ils ſemblent plus faciles. Il y a un rithme très-peu connu qu'il y faut obſerver, ſans quoi cette poéſie rebute. *Corneille* ne connut pas ce rithme dans ſon *Ageſilas*.

L'AVARE,

Comédie en proſe & en cinq actes, repréſentée à Paris ſur le théâtre du palais-royal le 9 Septembre 1668.

CEtte excellente comédie avait été donnée au public en 1667 : mais le même préjugé qui fit tomber le *feſtin de Pierre*, parce qu'il était en proſe, avait fait tomber *l'avare*. *Molière* pour ne point heurter de front le ſentiment des critiques, & ſachant qu'il faut ménager les hommes quand ils ont tort, donna au public le tems de revenir, & ne rejoua *l'avare* qu'un an après : le public, qui à la longue ſe rend toujours au bon, donna à cet ouvrage les aplaudiſſemens qu'il mérite. On comprit alors qu'il peut y avoir de fort bonnes comédies en proſe, & qu'il y a peut-être plus de dificulté à réuſſir dans ce ſtile ordinaire où l'eſprit ſeul ſoutient l'auteur, que dans la verſification qui par la rime, la cadence & la meſure, prête des ornemens à des idées ſimples, que la proſe n'embellirait pas.

Il y a dans *l'avare* quelques idées priſes de *Plaute*, & embellies par *Molière*. *Plaute* avait imaginé le premier de faire en même tems voler la caſſette de *l'avare* & ſéduire ſa fille ; c'eſt de lui qu'eſt toute l'invention de la ſcène du jeune homme qui vient avouer le rapt, & que *l'avare* prend pour le voleur. Mais on oſe dire que *Plaute* n'a point aſſez profité de cette ſituation, il ne l'a inventée que pour la manquer ; que l'on en juge par ce trait ſeul : l'amant de la fille ne parait que dans cette ſcène, il vient ſans être annoncé ni préparé, & la fille elle-même n'y parait point du tout.

Tout le reſte de la piéce eſt de *Molière*, caractères, intrigues, plaiſanteries ; il n'a imité que quelques lignes, comme cet endroit où *l'avare* parlant (peut-être mal à propos) aux ſpectateurs, dit : *mon voleur n'eſt-il point parmi vous ? Ils me regardent tous, & ſe mettent à rire.* (*Quid eſt quod ridetis ? Novi omnes, ſcio fures hic eſſe complures.*) Et cet autre endroit encor où, ayant examiné les mains du valet qu'il ſoupçonne, il demande à voir la troiſiéme, *oſtende tertiam*.

Mais ſi l'on veut connaître la diférence du ſtile de *Plaute* & du ſtile de *Molière*, qu'on voye les portraits que chacun fait dans ſon *avare*. *Plaute* dit :

Clamat suam rem periisse, seque,
De suo tigillo fumus si qua exit foras.
Quin, cum it dormitum, follem obstringit ob gulam,
Ne quid animæ forte amittat dormiens ;
Etiamne obturat inferiorem gutturem ? &c.

Il crie qu'il est perdu, qu'il est abîmé, si la fumée de son feu va hors de sa maison. Il se met une vessie à la bouche pendant la nuit, de peur de perdre son soufle. Se bouche-t-il aussi la bouche d'en-bas ?

Cependant ces comparaisons de *Plaute* avec *Molière*, toutes à l'avantage du dernier, n'empêchent pas qu'on ne doive estimer ce comique latin, qui n'ayant pas la pureté de *Térence*, avait d'ailleurs tant d'autres talens, & qui, quoiqu'inférieur à *Molière*, a été pour la variété de ses caractères & de ses intrigues, ce que Rome a eu de meilleur. On trouve aussi à la vérité dans l'*avare* de *Molière* quelques expressions grossières, comme, *je sais l'art de traire les hommes ;* & quelques mauvaises plaisanteries, comme, *je marierais, si je l'avais entrepris, le grand Turc & la république de Venise.*

Cette comédie a été traduite en plusieurs langues, & jouée sur plus d'un théâtre d'Italie & d'Angleterre, de même que les autres piéces de *Molière ;* mais les piéces traduites ne peuvent réussir que par l'habileté du traducteur. Un poëte anglais nommé *Shadwell*, aussi vain que mauvais poëte, la donna en anglais du vivant de *Molière*. Cet homme dit dans sa préface : *je crois pouvoir dire sans vanité,* que Molière *n'a rien perdu entre* mes mains. Jamais piéce française n'a été maniée par un de nos poëtes, quelque méchant qu'il fût, qu'elle n'ait été rendue meilleure. Ce n'est ni faute d'invention, ni faute d'esprit, que nous empruntons des Français ; mais c'est par paresse : c'est aussi par paresse que je me suis servi de l'*avare* de Molière.

On peut juger qu'un homme, qui n'a pas assez d'esprit pour mieux cacher sa vanité, n'en a pas assez pour faire mieux que *Molière*. La piéce de *Shadwell* est généralement méprisée. Monsieur *Fielding*, meilleur poëte & plus modeste, a traduit l'*avare*, & l'a fait jouer à Londres en 1733. Il y a ajouté réellement quelques beautés de dialogue particulières à sa nation, & sa piéce a eu près de trente représentations ; succès très-rare à Londres, où les pièces qui ont le plus de cours ne sont jouées tout au plus que quinze fois.

GEORGE DANDIN

OU LE MARI CONFONDU,

Comédie en prose & en trois actes, représentée à Verfailles le 15 de Juillet 1668, & à Paris le 9 de Novembre 1668.

ON ne connait, & on ne joue cette piéce que sous le nom de *George Dandin* ; & au contraire le *cocu imaginaire*, qu'on avait intitulé & afiché *Sganarelle*, n'est connu que sous le nom du *cocu imaginaire*, peut-être parce que ce dernier titre est plus plaisant que celui du *mari confondu*. *George Dandin* réussit pleinement. Mais si on ne reprocha rien à la conduite & au stile, on se souleva un peu contre le sujet même de la piéce; quelques personnes se révoltèrent contre une comédie, dans laquelle une femme mariée donne rendez-vous à son amant. Elles pouvaient considérer que la coquetterie de cette femme n'est que la punition de la sotise que fait *George Dandin* d'épouser la fille d'un gentilhomme ridicule.

L'IMPOSTEUR OU LE TARTUFFE,

Joué sans interruption en public le 5 Février 1669.

ON sait toutes les traverses que cet admirable ouvrage essuya. On en voit le détail dans la préface de l'auteur au devant du *Tartuffe*.

Les trois premiers actes avaient été représentés à Versailles devant le roi le 12 Mai 1664. Ce n'était pas la première fois que *Louis XIV*, qui sentait le prix des ouvrages de *Molière*, avait voulu les voir avant qu'ils fussent achevés : il fut fort content de ce commencement, & par conséquent la cour le fut aussi.

Il fut joué le 29 Novembre de la même année à Rainsy, devant le grand *Condé*. Dès-lors les rivaux se réveillèrent; les dévots commencèrent à faire du bruit; les faux zélés, (l'espèce d'homme la plus dangereuse) crièrent contre *Molière*, & séduisirent même quelques gens de bien. *Molière*, voyant tant d'ennemis qui allaient ataquer sa personne encor plus que sa piéce, voulut laisser ces premières fureurs se calmer: il fut un an sans donner le *Tartuffe*; il le lisait seulement dans quelques maisons choisies, où la superstition ne dominait pas.

Molière, ayant oposé la protection & le zèle de ses amis aux cabales naissantes de ses ennemis, obtint du roi une permission verbale de jouer le *Tartuffe*. La première représentation en fut donc faite à Paris le 5 Août 1667. Le lendemain on allait la rejouer; l'assemblée était la plus nombreuse qu'on eût jamais vue; il y avait des dames de la première distinction aux troisiémes loges; les acteurs allaient commencer, lorsqu'il ariva un ordre du premier président du parlement portant défense de jouer la piéce.

C'est à cette occasion, qu'on prétend que *Molière* dit à l'assemblée: *messieurs, nous allions vous donner le* Tartuffe, *mais monsieur le premier président ne veut pas qu'on le joue*.

Pendant qu'on suprimait cet ouvrage, qui était l'éloge de la vertu & la satyre de la seule hypocrisie, on permit qu'on jouât sur le théâtre italien *Scaramouche hermite*, piéce très froide si elle n'eût été licentieuse, dans laquelle un hermite vètu en moine monte la nuit par une échelle à la fenêtre d'une femme mariée, & y reparait de tems en tems, en disant, *Questo è per mortificar la carne*. On fait sur cela le mot du grand

Condé : *les comédiens italiens n'ont ofensé que* Dieu, *mais les Français ont ofensé les dévots.* Au bout de quelque tems, *Molière* fut délivré de la perfécution ; il obtint un ordre du roi par écrit, de repréfenter le *Tartuffe*. Les comédiens, fes camarades, voulurent que *Molière* eût toute fa vie deux parts dans le gain de la troupe, toutes les fois qu'on jouerait cette piéce ; elle fut repréfentée trois mois de fuite, & durera autant qu'il y aura en France du goût & des hypocrites.

Aujourd'hui bien des gens regardent comme une leçon de morale cette même piéce, qu'on trouvait autrefois fi fcandaleufe. On peut hardiment avancer, que les difcours de *Cléante*, dans lefquels la vertu vraie & éclairée eft opofée à la dévotion imbécille d'*Orgon*, font, à quelques expreffions près, le plus fort & le plus élégant fermon que nous ayons en notre langue ; & c'eft peut-être ce qui révolta davantage ceux qui parlaient moins bien dans la chaire, que *Molière* au théâtre.

Voyez furtout cet endroit :

Allez, tous vos difcours ne me font point de peur ;
Je fais comme je parle, & le ciel voit mon cœur :
Il eft de faux dévots, ainfi que de faux braves, &c.

Prefque tous les caractères de cette piéce font originaux : il n'y en a aucun qui ne foit bon, & celui du *Tartuffe* eft parfait. On admire la conduite de la piéce jufqu'au dénouement ; on fent combien il eft forcé, & combien les louanges du roi, quoique mal amenées, étaient nécessaires pour soutenir *Molière* contre ses ennemis.

Dans les premières représentations, l'imposteur se nommait *Panulphe*, & ce n'était qu'à la dernière scène qu'on aprenait son véritable nom de *Tartuffe*, sous lequel ses impostures étaient supofées être connues du roi. A cela près, la piéce était comme elle est aujourd'hui. Le changement le plus marqué qu'on y ait fait est à ce vers :

O ciel, pardonne-moi la douleur qu'il me donne.

Il y avait :

O ciel, pardonne-moi comme je lui pardonne.

Qui croirait que le succès de cette admirable piéce eût été balancé par celui d'une comédie qu'on apelle *la femme juge & partie*, qui fut jouée à l'hôtel de Bourgogne aussi longtems que le *Tartuffe* au palais-royal ? *Montfleuri*, comédien de l'hôtel de Bourgogne, auteur de la *femme juge & partie*, se croyait égal à *Molière*; & la préface qu'on a mise au devant du recueil de ce *Montfleuri*, avertit que *monsieur de Montfleuri* était un grand-homme. Le succès de la *femme juge & partie*, & de tant d'autres piéces médiocres, dépend uniquement d'une situation que le jeu d'un acteur fait valoir. On sait qu'au théâtre il faut peu de chose pour faire réussir ce qu'on méprise à la lecture. On représenta sur le théâtre de l'hôtel de Bourgogne, à la suite de la *femme juge & partie*, la *critique du Tartuffe*. Voici ce qu'on trouve dans le prologue de cette critique :

> Molière plait affez, c'eft un boufon plaifant,
> Qui divertit le monde en le contrefaifant ;
> Ses grimaces fouvent caufent quelques furprifes ;
> Toutes fes piéces font d'agréables fotifes :
> Il eft mauvais poëte, & bon comédien ;
> Il fait rire, & de vrai, c'eft tout ce qu'il fait bien.

On imprima contre lui vingt libelles ; un curé de Paris s'avilit jufqu'à compofer une de ces brochures, dans laquelle il débutait par dire qu'il falait brûler *Molière*. Voila comme ce grand-homme fut traité de fon vivant ; l'aprobation du public éclairé lui donnait une gloire qui le vengeait affez : mais qu'il eft humiliant pour une nation, & trifte pour les hommes de génie, que le petit nombre leur rende juftice, tandis que le grand nombre les néglige ou les perfécute !

MONSIEUR DE POURCEAUGNAC,

Comédie-ballet en prose & en trois actes, faite & jouée à Chambord pour le roi au mois de Septembre 1669, & représentée sur le théâtre du palais-royal le 15 Novembre de la même année.

CE fut à la représentation de cette comédie, que la troupe de *Molière* prit pour la première fois le titre de *la troupe du roi*. *Pourceaugnac* est une farce; mais il y a dans toutes les farces de *Molière* des scènes dignes de la haute comédie. Un homme supérieur, quand il badine, ne peut s'empêcher de badiner avec esprit. *Lulli*, qui n'avait point encor le privilège de l'opéra, fit la musique du ballet de *Pourceaugnac* ; il y dansa, il y chanta, il y joua du violon. Tous les grands talens étaient employés au divertissement du roi, & tout ce qui avait raport aux beaux-arts était honorable.

On n'écrivit point contre *Pourceaugnac* : on ne cherche à rabaisser les grands-hommes, que quand ils veulent s'élever. Loin d'examiner sévérement cette farce, les gens de bon goût reprochèrent à l'auteur d'avilir trop souvent son génie à des ouvrages frivoles qui ne méritaient pas d'examen ; mais *Molière* leur répondait, qu'il était comédien aussi bien qu'auteur, qu'il falait réjouir la cour & atirer le peuple, & qu'il était réduit à consulter l'intérêt de ses acteurs aussi-bien que sa propre gloire.

LE BOURGEOIS GENTILHOMME,

Comédie-ballet en prose & en cinq actes, faite & jouée à Chambord au mois d'Octobre 1670, & représentée à Paris le 23 Novembre de la même année.

LE *bourgeois gentilhomme* est un des plus heureux sujets de comédie, que le ridicule des hommes ait jamais pu fournir. La vanité, atribut de l'espèce humaine, fait que des princes prennent le titre de rois, que les grands seigneurs veulent être princes ; &, comme dit *la Fontaine* :

> Tout prince a des ambassadeurs,
> Tout marquis veut avoir des pages.

Cette faiblesse est précisément la même que celle d'un bourgeois qui veut être homme de qualité. Mais la folie du bourgeois est la seule qui soit comique, & qui puisse faire rire au théâtre : ce sont les extrêmes disproportions des manières & du langage d'un homme, avec les airs & les discours qu'il veut afecter, qui font un ridicule plaisant ; cette espèce de ridicule ne se trouve point dans des princes ou dans des hommes élevés à la cour, qui couvrent toutes leurs fotifes du même air & du même langage ; mais ce ridicule fe montre tout entier dans un bourgeois élevé grofliérement, & dont le naturel fait à tout moment un contrafte avec l'art dont il veut fe parer. C'eſt ce naturel groſſier qui fait le plaifant de la comédie ; & voila pourquoi ce n'eſt jamais que dans la vie commune qu'on prend les perſonnages comiques. Le *miſantrope* eſt admirable, le *bourgeois gentilhomme* eſt plaiſant.

Les quatre premiers actes de cette piéce peuvent paſſer pour une comédie ; le cinquiéme eſt une farce qui eſt réjouiſſante, mais trop peu vraiſemblable. *Molière* aurait pu donner moins de priſe à la critique, en ſupoſant quelque autre homme que le fils du grand-Turc. Mais il cherchait par ce divertiſſement plutôt à réjouir qu'à faire un ouvrage régulier.

Lulli fit auſſi la muſique du ballet, & il y joua comme dans *Pourceaugnac*.

LES FOURBERIES DE SCAPIN,

Comédie en proſe & en trois actes, repréſentée ſur le théâtre du palais-royal le 24 *May* 1671.

LEs *fourberies de Scapin* ſont une de ces farces que *Molière* avait préparées en province. Il n'avait pas fait ſcrupule d'y inſérer deux ſcènes
entières

entières du *pédant joué*, mauvaise piéce de *Cyrano de Bergerac*. On prétend que quand on lui reprochait ce plagiarisme, il répondait: *ces deux scènes sont assez bonnes; cela m'apartenait de droit: il est permis de reprendre son bien partout où on le trouve.*

Si *Molière* avait donné la farce des *fourberies de Scapin* pour une vraie comédie, *Despréaux* aurait eu raison de dire dans son art poétique:

C'est par-là que Molière, illustrant ses écrits,
Peut-être de son art eût remporté le prix,
Si moins ami du peuple en ses doctes peintures,
Il n'eût point fait souvent grimacer ses figures,
Quité pour le boufon l'agréable & le fin,
Et sans honte à Térence allié Tabarin,
Dans ce sac ridicule où Scapin s'envelope,
Je ne reconnais plus l'auteur du misantrope.

On pourait répondre à ce grand critique, que *Molière* n'a point allié *Térence* avec *Tabarin* dans ses vraies comédies, où il surpasse *Térence*: que s'il a déféré au goût du peuple, c'est dans ses farces dont le seul titre annonce du bas comique; & que ce bas comique était nécessaire pour soutenir sa troupe.

Molière ne pensait pas que les *fourberies de Scapin* & le *mariage forcé* valussent *l'avare*, le *tartuffe*, le *misantrope*, les *femmes savantes*, ou fussent même du même genre. De plus, comment *Despréaux* peut-il dire, que *Molière peut-être de son art eût emporté le prix?* Qui aura donc ce prix, si *Molière* ne l'a pas?

PSICHÉ,

Tragédie ballet en vers libres & en cinq actes, représentée devant le roi, dans la salle des machines du palais des Tuileries, en Janvier & durant le carnaval de l'année 1670, & donnée au public sur le théâtre du palais royal en 1671.

LE spectacle de l'opéra, connu en France sous le ministère du cardinal *Mazarin*, était tombé par sa mort. Il commençait à se relever. *Perrin* introducteur des ambassadeurs chez monsieur frère de *Louis XIV*, *Cambert* intendant de la musique de la reine-mère, & le marquis de *Sourdiac* homme de goût, qui avait du génie pour les machines, avaient obtenu en 1669 le privilège de l'opéra; mais ils ne donnèrent rien au public qu'en 1671. On ne croyait pas alors que les Français pussent jamais soutenir trois heures de musique, & qu'une tragédie toute chantée pût réussir. On pensait que le comble de la perfection est une tragédie déclamée, avec des chants & des danses dans les intermèdes. On ne songeait pas que si une tragédie est belle & intéressante, les entr'actes de musique doivent en devenir froids; & que si les intermèdes sont brillans, l'oreille a peine à revenir tout d'un coup du charme de la musique à la simple déclamation. Un ballet peut délasser dans les entr'actes d'une piéce ennuyeufe ; mais une bonne piéce n'en a pas befoin, & l'on joue *Athalie* fans les chœurs & fans la mufique. Ce ne fut que quelques années après, que *Lulli* & *Quinault* nous aprirent qu'on pouvait chanter toute une tragédie, comme on faifait en Italie, & qu'on la pouvait même rendre intéreffante : perfection que l'Italie ne connaiffait pas.

Depuis la mort du cardinal *Mazarin*, on n'avait donc donné que des piéces à machines avec des divertiffemens en mufique, telles qu'*Andromède* & *la toifon d'or*. On voulut donner au roi & à la cour pour l'hyver de 1670 un divertiffement dans ce goût, & y ajouter des danfes. *Molière* fut chargé du fujet de la fable le plus ingénieux & le plus galant, & qui était alors en vogue par le roman beaucoup trop allongé, que *la Fontaine* venait de donner en 1669.

Il ne put faire que le premier acte, la première fcène du fecond, & la première du troifiéme ; le tems preffait : *Pierre Corneille* fe chargea du refte de la piéce ; il voulut bien s'affujettir au plan d'un autre ; & ce génie mâle, que l'âge rendait fec & févère, s'amollit pour plaire à *Louis XIV*. L'auteur de *Cinna* fit à l'âge de 67 ans cette déclaration de *Pfiché à l'Amour* qui paffe encor pour un des morceaux les plus tendres & les plus naturels qui foient au théâtre.

Toutes les paroles qui fe chantent font de *Quinault* ; *Lulli* compofa les airs. Il ne manquait à cette fociété de grands-hommes que le feul *Racine*, afin que tout ce qu'il y eut jamais de plus excellent au théâtre fe fût réuni pour fervir un roi, qui méritait d'être fervi par de tels hommes.

Pfiché n'eft pas une excellente piéce, & les derniers actes en font très languiffans ; mais la beauté du fujet, les ornemens dont elle fut embellie, & la dépenfe royale qu'on fit pour ce fpectacle, firent pardonner fes défauts.

LES FEMMES SAVANTES,

Comédie en vers & en cinq actes, repréfentée fur le théâtre du palais royal le 11 Mars 1672.

CEtte comédie, qui eft mife par les connaiffeurs dans le rang du *tartuffe* & du *mifantrope*, ataquait un ridicule qui ne femblait propre à réjouir ni le peuple, ni la cour, à qui ce ridicule paraiffait être également étranger. Elle fut reçue d'abord affez froidement ; mais les connaiffeurs rendirent bientôt à *Molière* les fufrages de la ville ; & un mot du roi lui donna ceux de la cour. L'intrigue, qui en éfet a quelque chofe de plus plaifant que celle du *mifantrope*, foutint la piéce longtems.

Plus on la vit, & plus on admira comment *Molière* avait pu jetter tant de comique fur un fujet qui paraiffait fournir plus de pédanterie que d'agrément. Tous ceux qui font au fait de l'hiftoire litéraire de ce tems-là favent que *Ménage* y eft joué fous le nom de *Vadius*, & que *Triffotin* eft le fameux abbé *Cottin*, fi connu par les fatyres de *Defpréaux*. Ces deux hommes étaient pour leur malheur ennemis de *Molière*; ils avaient voulu perfuader au duc de *Montaufier*, que le *mifantrope* était fait contre lui; quelque tems après ils avaient eu chez mademoifelle, fille de *Gafton de France*, la fcène que *Molière* a fi bien rendue dans *les femmes favantes*. Le malheureux *Cottin* écrivait également contre *Ménage*, contre *Molière* & contre *Defpréaux*; les fatyres de *Defpréaux* l'avaient déja couvert de honte, mais *Molière* l'accabla. *Triffotin* était apellé aux premières repréfentations *Tricottin*. L'acteur qui le repréfentait avait afecté, autant qu'il avait pu, de reffembler à l'original par la voix & par le gefte. Enfin pour comble de ridicule, les vers de *Triffotin*, facrifiés fur le théâtre à la rifée publique, étaient de l'abbé *Cottin* même. S'ils avaient été bons, & fi leur auteur avait valu quelque chofe, la critique fanglante de *Molière* & celle de *Defpréaux* ne lui euffent pas ôté fa réputation. *Molière* lui-même avait été joué auffi cruellement fur le théâtre de l'hôtel de Bourgogne, & n'en fut pas moins eftimé: le vrai mérite réfifte à la fatyre. Mais *Cottin* était bien loin de pouvoir fe foutenir contre de telles ataques: on dit qu'il fut fi acablé de ce dernier coup, qu'il tomba dans une mélancolie qui le conduifit au tombeau. Les fatyres de *Defpréaux* coûtèrent auffi la vie à l'abbé *Caffaigne*: trifte éfet d'une liberté plus dangereufe qu'utile, & qui flatte plus la malignité humaine qu'elle n'infpire le bon goût.

La meilleure fatyre qu'on puiffe faire des mauvais poëtes, c'est de donner d'excellens ouvrages ; *Molière* & *Despréaux* n'avaient pas besoin d'y ajouter des injures.

LES AMANS MAGNIFIQUES,

Comédie-ballet en prose & en cinq actes, représentée devant le roi à St. Germain, au mois de Février 1670.

Louis XIV lui-même donna le sujet de cette piéce à *Molière*. Il voulut qu'on représentât deux princes qui se disputeraient une maîtresse, en lui donnant des fêtes magnifiques & galantes. *Molière* servit le roi avec précipitation. Il mit dans cet ouvrage deux personnages qu'il n'avait point encor fait paraître sur son théâtre, un astrologue, & un fou de cour. Le monde n'était point alors désabusé de l'astrologie judiciaire ; on y croyait d'autant plus, qu'on connaissait moins la véritable astronomie. Il est raporté dans *Vittorio Siri*, qu'on n'avait pas manqué à la naissance de *Louis XIV*, de faire tenir un astrologue dans un cabinet voisin de celui où la reine acouchait. C'est dans les cours que cette superstition règne davantage, parce que c'est là qu'on a plus d'inquiétude sur l'avenir.

Les fous y étaient aussi à la mode ; chaque prince & chaque grand seigneur même avait son fou ; & les hommes n'ont quité ce reste de barbarie, qu'à mesure qu'ils ont plus connu les plaisirs de la société & ceux que donnent les beaux-arts. Le fou, qui est représenté dans *Molière*, n'est point un fou ridicule, tel que le *Moron de la princesse d'Elide*; mais un homme adroit, & qui ayant la liberté de tout dire s'en sert avec habileté & avec finesse. La musique est de *Lulli*. Cette piéce ne fut jouée qu'à la cour, & ne pouvait guères réussir que par le mérite du divertissement & par celui de l'à-propos.

On ne doit pas omettre, que dans les divertissemens des *amans magnifiques* il se trouve une traduction de l'ode d'*Horace* :

Donec gratus eram tibi.

LA COMTESSE D'ESCARBAGNAS,

Petite comédie en un acte, & en prose, représentée devant le roi à St. Germain, en Février 1672, & à Paris sur le théâtre du palais royal le 8 Juillet de la même année.

C'Est une farce, mais toute de caractères, qui est une peinture naïve, peut-être en quelques endroits trop simple, des ridicules de la province; ridicules dont on s'est beaucoup corigé à mesure que le goût de la société, & la politesse aisée qui règne en France, se sont répandus de proche en proche.

LE MALADE IMAGINAIRE,

En trois actes avec des intermèdes, fut représenté sur le théâtre du palais royal le 10 Février 1673.

C'Est une de ces farces de *Molière* dans laquelle on trouve beaucoup de scènes dignes de la haute comédie. La naïveté, peut-être pouſſée trop loin, en fait le principal caractère. Ses farces ont le défaut d'être quelquefois un peu trop baſſes, & ſes comédies de n'être pas toujours aſſez intéreſſantes. Mais avec tous ces défauts-là, il ſera toûjours le premier de tous les poëtes comiques. Depuis lui, le théâtre français s'eſt ſoutenu, & même a été aſſervi à des loix de décence plus rigoureuſes que du tems de *Molière*. On n'oſerait aujourd'hui hazarder la ſcène où le *tartuffe* preſſe la femme de ſon hôte; on n'oſerait ſe ſervir des termes de *fils de putain*, de *carogne*, & même de *cocu*; la plus exacte bienſéance règne dans les piéces modernes. Il eſt étrange que tant de régularité n'ait pu lever encor cette tache, qu'un préjugé très injuſte atache à la profeſſion de comédien. Ils étaient honorés dans Athènes, où ils repréſentaient de moins bons ouvrages. Il y a de la cruauté à vouloir avilir des hommes néceſſaires à un état bien policé, qui exercent, ſous les

yeux

yeux des magistrats, un talent très dificile & très estimable. Mais c'est le sort de tous ceux qui n'ont que leur talent pour apui, de travailler pour un public ingrat.

On demande pourquoi *Molière* ayant autant de réputation que *Racine*, le spectacle cependant est désert quand on joue ses comédies, & qu'il ne va presque plus personne à ce même *tartuffe* qui atirait autrefois tout Paris, tandis qu'on court encor avec empressement aux tragédies de *Racine* lorsqu'elles sont bien représentées? C'est que la peinture de nos passions nous touche encor davantage que le portrait de nos ridicules, c'est que l'esprit se lasse des plaisanteries, & que le cœur est inépuisable. L'oreille est aussi plus flatée de l'harmonie des beaux vers tragiques, & de la magie étonnante du stile de *Racine*, qu'elle ne peut l'être du langage propre à la comédie; ce langage peut plaire, mais il ne peut jamais émouvoir, & l'on ne vient au spectacle que pour être ému.

Il faut encor convenir que *Molière*, tout admirable qu'il est dans son genre, n'a ni des intrigues assez atachantes, ni des dénouemens assez heureux, tant l'art dramatique est dificile.